Die Autorin hat in ihrem Kochbuch an alle gedacht, die gern mit Senf kochen sowie gern pikant und scharf essen. Sie verwendet, wie einst ihre Großmutter, viele Kräuter und Gewürze aus ihrem Garten, der Wiese und dem Feld. Senf, die kleinen Körner mit der großen Wirkung, werden in schmackhaften und besonders bekömmlichen Speisen verarbeitet. Viele praktische Tipps und über 70 Rezepte die einfach nachzukochen sind, machen schon beim Lesen Appetit. Von der Senfsuppe, vegetarischen Gerichten, in Senfbeize eingelegtem Wildbraten bis zu einem pikant-süßem Dessert, findet jeder etwas nach seinem Geschmack. Die Autorin verwendet Gewürzkombinationen, auf die man allein nie kommen würde, Mischungen, die man zusammen nicht erwartet und die doch vorzüglich schmecken.

Adelheid Trenkler

Bautzener Senfkochbuch

Ich gebe meinen Senf dazu ...

Oberlausitzer Verlag

Kurzgeschichte des Senfs

Senf, Familie der Kreuzblütler, strahlend gelb blühend, stammt aus Asien, ist über 3000 Jahre alt und kam als wertvolle Heilpflanze über Griechenland nach Europa.

Die gemahlenen Körner wurden unter anderem für Umschläge und Fußbäder bei Erkältungen genutzt.

In Klostergärten und in Weinanbaugebieten hat man die Senfpflanze gesät und vermehrt.

Erst im Mittelalter entdeckte ein pfiffiger Koch den Senf als Gewürz und die Senfpaste als gut schmeckende und bekömmliche Speisezugabe.

Heute ist Senf, gleich in welcher Form, aus unserer Küche nicht mehr wegzudenken und mit Senf pikant kochen, backen und genießen ist ein Vergnügen!

Inhaltsverzeichnis

	Seite
Vorwort	9
Zeichenerklärung	12
Senfprodukte in meiner Küche	12
Empfehlungen zur Vorbereitung	13
Färben von Speisen und Garnituren	14
Geschirr	15
Garnieren	15
Eier	16
Gurke	16
Radieschen	17
Tomate	17
Fruchtsenf, Soßen, Beilagen	19
Fruchtsenf	19
Senfsoßen	20
Einfache Senfsoße	20
Senfsoße mit Ei	21
Senfsoße zu Kochfisch	21
Senfsoße zu Salat	22
Salat-Mix	22
Wurzelwerk	23
Kräuterbutter	24
Nussbutter	25

Mayonnaise – Grundrezept	25
Bunte Mayonnaise mit Preiselbeersenf	26
Blütenkräutermischung	27
Pikante Apfelsoße	28
Kräuterdipp	28
Kräutervinaigrette	28
Joghurt – Knoblauchsoße	29
Apfelmeerrettich	30
Kapernsoße	31
Schnellgurken	32
Grüne Bohnen in süß-würziger Senflauge	33

Vorspeisen und Salate   **34**

Chicoréesalat	34
Scharfer Bohnensalat	35
Geflügelsalat	39
Katerfrühstück	39
Bunter Kartoffelsalat / Nudelsalat	40
Räucherfisch mit kalter Senfsoße	41
Pikanter Käsesalat	42
Wintersalat mit Kürbis und Fisch	43
Krabbensalat im Chicoréebett	44
Tomatensalat mit schwarzem Senfschrot	45

Suppen 47

Senfsuppe	47
Bärlauchsuppe	48
Broccolicremesuppe mit Honigsenf	48
Tomatensuppe mit Eierflocken	49
Kürbissuppe mit Orangensenf	51
Klare Sauerampfersuppe mit Feigensenf	52
Frühlingskräutersuppe mit süßem Küchensenf	53
Fischsuppe mit Pfeffersenf	54

Für den kleinen Hunger und Vegetarische Gerichte 55

Gebackener Camembert mit Preiselbeersenf	55
Artischocke	55
Pilzköpfe mit Schinken, Ei und mittelscharfem Küchensenf	56
Carpaccio vom Rind mit Stangenspargel und heißem Orangensenf	58
Kürbisecken mit Chilisenf aus dem Römertopf	59
Kartoffelecken mit Pfeffersenf	61
Kartoffelscheiben mit Knoblauchsenfcreme	62
Herzhafte Griesecken	62
Linsentopf mit Currysenf	63
Spargelomelett mit Feigen- oder Orangensenf	64
Backkartoffel mit Kräuterquark	66

Paprikareis mit Senfsprossen	68
Verlorene Eier in Senfsoße	69
Senfsoße mit Ei	69
Eierragout in Kräutersenfsoße mit Reis	70

Hauptgerichte mit Fisch — 71

Heilbutt oder Scholle gekocht mit Senfsoße	71
Forelle gefüllt mit Meerrettichsenf	72
Gefüllter Schellfisch	74
Karpfen blau mit Apfelmeerrettich	76

Hauptgerichte mit Fleisch — 77

Rouladen vom Rind	77
Zucchini mit Rindfleisch im Römertopf geschmort	78
Rindfleisch mit Pfeffersenf	79
Gemüsepfanne mit Lammfleisch	80
Hammelbraten mit Senf	81
Resteverwertung	82
Schweinebraten mit Kirschsenfsoße	83
Kasslerkotelett mit Sauerkraut und Kümmelsenf	84
Wildschwein mit Senfbrot	85
Kassler in Kräutersenfkruste mit Kartoffelecken	86
Gänse- oder Entenbraten mit Orangensenfkruste	88
Kaninchenbraten in Pflaumensenfsoße	89
Hirschkeule in Preiselbeersenfbeize	91

Nachtisch/Dessert   93

Senfkonfekt mit Mandeln	93
Quarkkeulchen mit Heidelbeersenf	95
Quarkkuchen mit Johannisbeer- oder Sauerkirschsenf	96
Kartoffelkuchen mit Zwiebelsenf	98
Zwiebelkuchen mit Original Küchensenf	99
Senf-Eis Banane	101
Senf-Eis Erdbeere	101

Vorwort

Wie so oft, kramte ich an einem Winterabend in meinen Schrankfächern und plötzlich hielt ich das Kochbuch meiner Großmutter in den Händen:

Weinrotes abgegriffenes Leder, in der linken oberen Ecke, in schwarzer unscheinbarer Schrift: „Kochbuch".

Rechts sieht man übersichtlich das Register. Die Innenseite mit Mustern, die mich an mein Poesiealbum erinnern, auch weinrot. In gestochener Handschrift lese ich bekannte, aber auch viele neue Rezepte. Alle sind sie nach Suppen, Fisch, Fleisch, Soßen und Salate, Nachtisch und Kompott sortiert.

Schnell holte ich meinen Zettelblock und markierte verschiedene Gerichte.

„Was wollte ich eigentlich als Nächstes kochen?", fragte ich mich.
„Auf alle Fälle werde ich die Weihnachtsgans dieses mal nach Omas Senfrezept braten!"

Ich schrieb das Rezept also ab und hängte es an die Pinwand in der Küche. Dies habe ich oft wiederholt, einige Rezepte veränderte ich nach meinem Geschmack.
Es entstanden die ersten Seiten für mein **Senf-Kochbuch**.

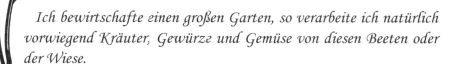

Ich bewirtschafte einen großen Garten, so verarbeite ich natürlich vorwiegend Kräuter, Gewürze und Gemüse von diesen Beeten oder der Wiese.

Senf säe ich in dreiwöchigem Abstand aus oder lasse einige Stängel reifen und ausfallen.

Heute gibt es in jedem Supermarkt sehr viele Zutaten. Doch lieber kaufe ich im Spezialgeschäft ein. Das trifft auf den Fleischer, Gemüsehändler wie den Gewürzladen zu.

Das alte Kochbuch liegt oft neben mir auf dem Küchentisch. Ich schmunzele bei den Bemerkungen:

„Man nehme, wenn man hat: …" oder „Ersatz: …"

Auch in meiner Küche sind nicht immer alle Zutaten, genau nach Rezept, vorhanden. Also, ich muss möglichst einen geschmacklich ähnlichen Ersatz finden. Das erfordert Mut, den Sie hoffentlich beim Kochen der folgenden Rezepte haben!

„Ich wünsche Ihnen beim Kochen so viel Freude, wie ich beim Ausprobieren, Essen und beim Schreiben dieses Buches hatte."

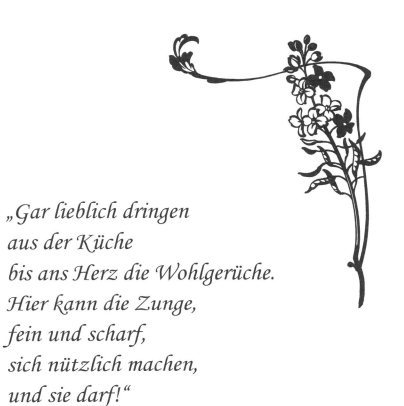

„Gar lieblich dringen
aus der Küche
bis ans Herz die Wohlgerüche.
Hier kann die Zunge,
fein und scharf,
sich nützlich machen,
und sie darf!"

Wilhelm Busch

Zeichenerklärung

Bd.	Bund
TL	Teelöffel
EL	Esslöffel
Pr.	Priese oder Messerspitz
ml	Milliliter
g	Gramm
Pack.	Packung

Senfprodukte in meiner Küche

- Senfpaste in verschiedene Sorten, garantiert steinvermahlen
- Gelbe und schwarze Senfkörner ganz
- Im Mörser zerkleinerte (geschrotete), gelbe und schwarze Senfkörner
- Senfmehl, zerkleinerte Senfkörner aus der Gewürzmühle
- Zarte frische Blätter von der grün- und rotblättrigen Senfpflanze
- Senfsprossen rot oder grün
- Senfblütenhonig für alle Teegetränke und verschiedene Speisen
- Senföl, kaltgepresst aus ökologischem Anbau
- Für den Sofortverbrauch mische ich mir die Spezialsenfe mit Früchten oft selbst.
- Senflikör als Aperitif oder zur Verdauung

Empfehlungen zur Vorbereitung

Vor Beginn des Kochens die Küchenwaage, Rührschüssel, Rührgerät, Messer, Wiegemesser, Löffel, Schneidebrett, und für die Zutaten Keramikschüsseln und Kännchen in verschiedenen Größen bereitstellen.

Danach alle Zutaten vorbereiten und verarbeiten. Ofen rechtzeitig und parallel vorheizen.

Frische Kräuter und Obst gut unter fließendem Wasser waschen und mit Küchenpapier oder Leinentuch trocken tupfen. Obst möglichst mit der Schale verarbeiten, da sonst viele Vitamine verloren gehen.

Kräuter schneiden, hacken oder mit dem Wiegemesser zerkleinern.
Salz und Pfeffer frisch aus der Mühle würzen pikanter. Das Gleiche gilt für Senfkörner und Senfschrot.
Die Gewürzkörner lassen sich auch mit den Kräutern im Mörser frisch zerreiben.
Salatsoßen oder den Fruchtsenf mischen Sie durch intensives verrühren oder durch Schütteln in einem geschlossenen Glas.

Färben von Speisen und Garnituren

Will ich verschiedene Speisen farblich verändern, wähle ich die Farbe je nach Stimmung und Jahreszeit:

Frühling: Rosa, Grün, Gelb

Sommer: Rot und Blau in verschiedenen Farbnuancen

Herbst: in Gelb und Brauntönen, Scharlachrot

Winter: Weiß, Blau, Rot

Boretschblüten färben beim Kochen blau.
Rote Beete färbt intensiv rot, Heidelbeeren rot bis bläulich.
Mit roten oder gelben Zwiebelschalen erzielen Sie Brauntöne.
Auch ganze Zwiebeln mit Schale verfeinern die Farbe beim Kochen und Braten.
Lebensmittelfarben sind im Backregal des Supermarktes erhältlich.

Geschirr

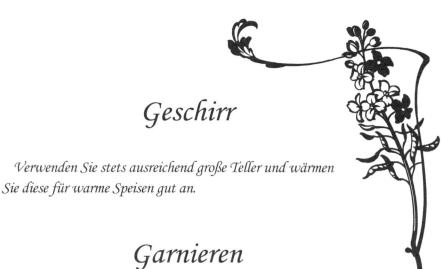

Verwenden Sie stets ausreichend große Teller und wärmen Sie diese für warme Speisen gut an.

Garnieren

„Die Augen essen mit! ..."

Wie toll und appetitanregend unsere Speise ist, hängt auch wesentlich vom schön gedeckten Tisch, dem Arrangement der Blumen, Kerzen und des Geschirres ab. Doch letztendlich fällt unser Blick auf die Speise in der Schüssel, dem Topf oder auf einer Platte.

Das beste Lob vor dem Kosten ist doch: „Das sieht ja toll aus!" Bei der Garnitur sind Ihrer Phantasie keine Grenzen gesetzt.

Neben einer Balsamicopaste, im Handel erhältlich, zaubern Feldstiefmütterchen, Gänseblümchen, Boretschblüten, Kapuzinerkresse sowie kleine frische Blätter von den verschiedenen Kräutern - Dill, Senf, Minze, Kerbel, Boretsch, Salbei, Thymian, Liebstöckel oder Petersilie – Farbe auf ihren Teller. Alle diese Blüten und Blätter sind essbar.

Tupfer von Preiselbeer- oder Heidelbeersenf, Kaviar, Senfschrot oder buntem Pfeffer verfeinern Ihre Speise geschmacklich.

Eier

10-12 Min. hart kochen, mit kaltem Wasser gut abschrecken, schälen, halbieren und das Eigelb mit einem kleinen Löffel herauslösen, je 1 Eigelb mit einer Senfsorte zerdrücken und mischen, auch Ketchup oder Grillsoßen sind dafür geeignet, die Füllung oder verschieden gefärbten Kaviar geben Sie anstelle des Eigelb wieder in die Hälften. Eine schöne Rosette erzielen Sie, wenn Sie dies mit der Tortenspritze ausführen.

Eigelb als Mittelpunkt einer garnierten Blume, z.B. auf der Schüssel mit Kartoffelsalat, ergibt einen besonderen Farbtupfer.

Gurke
Gurkenboot

Gerade gewachsene Gurke längs halbieren, das Fleisch mit einem Löffel möglichst als Halbkugel heraus nehmen und in der Speise weiter verarbeiten. Das so entstandene Boot mit Gemüse, Radieschen, Ei, Salat- Mix, Fisch- oder Fleischbällchen füllen und Zweigen oder Blättern von Kräutern ergänzen.

Radieschen

Das strahlende Rot sollte auf keiner Platte fehlen.
Ob halbiert, geviertelt, als Splitter, Scheiben oder Rosette nascht sie jeder gern.

Tomaten

Sie ergeben ohne Fruchtfleisch, wie das Gurkenboot, ein dekoratives Gefäß.

Für Tomatenkörbchen die obere Hälfte der Tomate vorsichtig ausschneiden, dass ein Griff bestehen bleibt.

Aus dünnen Scheiben von Cocktailtomaten, quer geschnitten, gestalten wir Blüten. Es werden fünf kleine Ringe zu einer Blüte gelegt, die Mitte füllen wir mit einer Blüte von Boretsch oder einem Eigelb aus.

Fruchtsenf, Soßen, Beilagen

Fruchtsenf

Entscheidend ist der Fruchtgehalt im Senf oder Dipp. Ich wähle stets das Verhältnis 1 zu 3.

Einer Tasse scharfen Küchen-, Premium- oder Pfeffersenf, mische ich 2 Tassen Beerenkonfitüre, 1 TL bunten Pfeffer und 1 TL Senfschrot bei.

Bei Sofortverbrauch verwende ich 2 Tassen zerkleinerte frische Früchte und 2 EL Zucker. Beim Einsatz von frischen, ungespritzten Orangen, zerkleinere ich diese mit der Schale. Sehr saftige Früchte zerdrücke ich vor dem Mischen und schöpfe etwas Saft ab.

Senfsoßen

Senfsoßen bereite ich zu deftigen Speisen wie kaltem Braten, Fisch, Wildschwein, Haxe, Pökelfleisch, Sülze u.a.

Sie lassen sich beliebig mit frischen oder getrockneten Kräutern wie Kerbel, Spinat, Petersilie, Estragon, Ysop, Sellerie, Liebstöckel, Boretsch, Pimpinelle, Vogelmiere sowie Wildkräutern (Sauerampfer, Schafgarbe, Brennnessel, Löwenzahn, Klee, Spitzwegerich, Breitwegerich u.a.) verfeinern. Günstig ist es, die Kräuter in Salzwasser kurz aufzukochen, danach durch den Durchschlag zu gießen, auszudrücken und im Mörser mit etwas Senföl sehr fein zu zerreiben.

Sind noch harte Stängel geblieben, rühren Sie alles nochmals durch ein Sieb und geben es zur Soße.

Zu Salaten nur junge Kräuter verwenden, frisch zerkleinern und zum Salat mischen.

Einfache Senfsoße

Zutaten:
- 1 EL Mehl
- je 2 EL Butter, scharfen Küchensenf
- 500 ml Fleisch oder Gemüsebrühe
- 1 Tasse Weißwein
- 1 TL Zitronensaft
- 1 TL Zucker

Das Mehl in der Butter anrösten, langsam die Brühe zugießen und alle Zutaten unterrühren. Wenn sich ein weißer Rand bildet, vom Feuer nehmen und bis zum Servieren zugedeckt warm stellen.

Senfsoße mit Ei

Zutaten: je 1 Tasse Küchensenf
zerlassene Butter, Zucker
Weißwein, Weinessig
Fleisch- oder Gemüsebrühe
3 Eigelb

Alle Zutaten im Topf gut verquirlen und unter Rühren langsam zum Kochen bringen.

Senfsoße zu Kochfisch

Zutaten: 200 g Butter
1 EL Stärkemehl
3 EL Meerrettichsenf
1 Eigelb
1 l Fischbrühe

1 EL Butter wegnehmen, die restliche Butter erhitzen und das Mehl anschwitzen, die Brühe mit knapp 1 l Wasser auffüllen und durchkochen.

Nun alles mit der restlichen Butter, dem Eidotter und dem Senf verrühren.

Senfsoße für Salat

Zutaten:
5 Eier
je 1 TL Schnittlauch und Petersilie,
1 kleinen Zweig Estragon
1 Dose Sardellen
2 EL Kräutersenf und Senföl
4 EL Essig
1 Pr. Zucker

Die Eier hart kochen, die Eigelb ausheben und das Weiß für die Garnitur beiseite legen.

Das Eigelb mit den Sardellen und Kräutern klein hacken, die restlichen Zutaten kräftig unterschlagen.

Diese Senfsoße eignet sich auch zum Einlegen von Braten und Fisch, als Dipp zu Fondue und Käse.

Salat-Mix

Menge je nach Verwendung als Salatzugabe oder Garnitur wählen.

Zutaten: Je 1 Bd. Schnittlauch, Petersilie, Möhren, Frühlingszwiebeln
Je 1 Schote gelben, grünen und roten Paprika

Alles in kleine Würfel oder Ringe schneiden und mischen.

Wurzelwerk

Wurzelwerk ist eine über Jahre haltbare würzige Zugabe für alle Bratensaucen, Brühen, Kochfleisch und Kochfisch. Der Einsatz ist dem frischen Wurzelwerk gleichwertig.

Zutaten: 500 g Möhren
          500 g Zwiebeln
          500 g Selleriewurzel
          500 g Wurzelpetersilie
          500 g Kohlrabi
          500 g Salz

Alle Zutaten mit dem Fleischwolf, feine Scheibe, zerkleinern, mischen und in Gläser mit Schraubdeckel oder Keramikbehälter füllen.

Das Wurzelwerk ist kühl gestellt, sehr lange haltbar – mit dem Vorteil, dass Sie dieses Gewürz zu jeder Zeit zur Verfügung haben.

Beim Würzen mit dem Wurzelwerk beachten Sie bitte den Salzgehalt und bei den Rezepten reduzieren Sie aus diesem Grund die Zugabe von Salz.

Kräuterbutter

Zutaten:
250 g Butter
1 Hand voll junge Kräuter: Schnittlauch, Pimpinelle, Boretsch, Schafgarbe, Sauerampfer, Giersch, Löwenzahn, Spitzwegerich, Breitwegerich
je 1 rotes und 1 grünes Senfblatt
1 TL Kräutersenf
Salz, Pfeffer

Die Kräuter gut waschen, trocken tupfen, mit einer Gabel, Salz und Pfeffer unter die weiche Butter mischen.

Nussbutter

Zutaten: 250 g Butter
2 Knoblauchzehen
2 EL Honigsenf
100 g Walnusskerne
je 1 Pr. Salz, Thymian, Rosmarin, Kakao

Die Walnusskerne fein mahlen und die weiche Butter mit allen Zutaten, mit einer Gabel verrühren.

Mayonnaise

Grundrezept

Zutaten: 1 Eigelb
100 ml Pflanzenöl
1 TL Zitronensaft
1 TL Feigensenf
je 1 Pr. Salz und Paprika

An Stelle des Paprika kann auch Chili oder Curry verwendet werden. Alle Zutaten müssen gut temperiert sein.

Eigelb, Senf und Gewürze mixen, tropfenweise das Öl zugeben, danach erst den Zitronensaft auch tropfenweise zufügen und alles schlagen, bis die Mayonnaise steif ist.

Bunte Mayonnaise mit Preiselbeersenf

Menge je nach Rezeptvorschrift

Zutaten:
200 g Mayonnaise
100 g sehr klein geschnittenen Salat-Mix (S. 22)
1 Stück grüne Gurke
1 rote geschälte Tomate
2 EL Preiselbeersenf (Fruchtsenf S. 19)
2 Eier

Eier ca. 10 Min. hart kochen, Eidotter mit der Gabel zerdrücken, Gurke in sehr kleine Würfel schneiden, Tomate schälen und klein schneiden, danach alle Zutaten vorsichtig vermengen.

Blütenkräutermischung mit Preiselbeersenf

am Vortag ansetzen

<u>Zutaten:</u> 2 Doppelhände Blütenknospen und Stängel von Kräutern wie Gänseblümchen, Löwenzahn, Klee, Vogelmiere, Giersch und Maiwuchs von der Fichte oder Tanne
200 g Tomaten
150 g Salz
4 Knoblauchzehen
2 EL Preiselbeersenf
1 Zwiebel
6 EL Olivenöl
3 EL Balsamicoessig

Knospen und Stängel gut waschen, trocken tupfen und in ca. 1 cm große Stücke schneiden.

Alles geben Sie mit dem Salz in einen Tontopf und lassen diese Mischung 24 Stunden ziehen.

Danach die Kräuter wieder gut waschen.

Die Tomaten abbrühen, schälen und klein schneiden. Zwiebeln und Knoblauch klein würfeln und alles mit den restlichen Zutaten mischen.

Pikante Apfelsoße

Zutaten:
1 Tasse Apfelmus
1 Schuss Weißwein
4 EL Mayonnaise
1 TL Meerrettichsenf
1 TL Weinsenf
1 TL Senföl

Alle Zutaten gut verrühren.

Kräuterdipp

Zutaten: 100 g Mayonnaise (S. 25)
je 1 EL fein gehackte Petersilie, Dill, Schnittlauch, Basilikum, Meerrettichsenf und Kräutersenf werden vorsichtig vermischt.

Kräutervinaigrette

Zutaten: 5 EL Senföl
3 EL Rotweinessig
1 TL Weinsenf
1 EL Kräuter

Schneiden Sie die Kräuter klein und verrühren Sie diese gut mit den restlichen Zutaten.

Joghurt-Knoblauch-Soße

Zutaten: 200 g Joghurt
2 EL Milch
2 EL Knoblauchsenf
je 1 Pr. Salz, Pfeffer
1 EL Kräuter

Schneiden Sie die Kräuter klein und verrühren Sie diese gut mit den restlichen Zutaten.

Apfelmeerrettich

Als Gemüsebeilage für 4 Personen

<u>Zutaten:</u> 6 saftige Äpfel
2 EL geriebenen, frischen Meerrettich (Wurzel)
2 EL Saure Sahne
1 EL Meerrettichsenf
Saft einer Zitrone
Je 1 Pr. Salz, Pfeffer, Zucker

Äpfel und Meerrettich gut waschen und mit Schale reiben. Dabei verwenden wir für die Äpfel eine grobe und für den Meerrettich eine feine Reibe.

Alle Zutaten verrühren und mit Salz, Pfeffer, Zucker und Zitrone abschmecken.

Zitronenschale in Späne schneiden und mit einer Kresseblüte zur Garnitur verwenden.

Kapernsoße

Zutaten: 100 g Mayonnaise (S. 25)
1 TL Kapern
1 hart gekochtes Ei
1 Dose Sardellen
1 EL Küchensenf süß
1 EL Senföl
Petersilie, Salz, Pfeffer, Paprika

Alle Zutaten gut mixen oder mit dem Schneebesen schlagen.

Bunte Früchte im Senfsud

Zutaten: 1 kg Obst entsprechend der Jahreszeit: Äpfel, Birnen, Pfirsiche, Johannisbeeren, Weintrauben, Bananen, Mango, Ananas
250 ml Wasser
100 ml Weinessig
500 g braunen Zucker
2 EL gelbe Senfkörner
1 TL Senfmehl

Den Essig, Wasser, Senfkörner und Senfmehl aufkochen. Früchte und Beeren waschen, würfeln und in einen Tontopf geben.

Den kochenden Gewürzsud über die Früchte geben und zugedeckt oder mit Folie zugebunden ziehen lassen.

Schnellgurken

Zutaten:
1 kg Gurken
1 l Wasser
1 Tasse Zucker
1 Tasse 10%igen Essig
Je 2 Zwiebeln und Knoblauchzehen
1 Stk. Meerrettichwurzel
je 1 EL Salz, gelbe Senfkörner
1 Tl schwarze Senfkörner
1 Lorbeerblatt
10 Körner Piment
1 TL Pfefferkörner
1 Bd. Dill
je 1 Zweig Estragon, Thymian, Majoran

Wasser, Zucker, Essig, 1 Zwiebel, Salz, Senfkörner, Lorbeerblatt, Piment und Pfeffer zum Kochen bringen und 2 Min. köcheln lassen.

Die 2 Zwiebel und die Knoblauchzehen in Ringe oder Viertel schneiden.

Die Gurken waschen in Scheiben oder längs schneiden, Kräuter waschen und mit Küchenrolle trocken tupfen.

Alles abwechselnd mit den Zwiebelringen und den restlichen Kräutern in einen Tontopf oder ein Schraubglas schichten, mit dem kochenden Sud übergießen und sofort mit Haushaltsfolie verschließen bzw. den Deckel auflegen.

Die Gurken schmecken schon nach dem Erkalten!

Sind sie noch zu hart, die Flüssigkeit nochmals kurz aufkochen und wieder über die Gurken gießen und den Behälter verschließen.

Grüne Bohnen in süß/würziger Senflauge

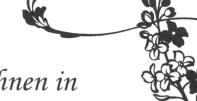

Zutaten: 1 kg zarte, grüne, gelbe oder rote Bohnen (Letztere werden allerdings beim Kochen auch grün)
1 EL Kräutersenf
1 Bd. Bohnenkraut

Die Bohnen in reichlich Salzwasser mit der Hälfte Bohnenkraut erhitzen, kurz aufkochen und abgießen. (blanchieren)

Weiterverarbeitung wie Schnellgurken.

Den Senf und die Hälfte vom Bohnenkraut abwechselnd mit den Bohnen ins Gefäß schichten.

Vorspeisen und Salate

Chicoréesalat

4 Personen

Zutaten:
- 3 St. Chicorée
- 450 g Feldsalat
- 3 Granatäpfel
- 3 TL Limettenschale (abgerieben)
- 3 EL Limettensaft
- 6 EL Senfblütenhonig
- 1 TL Cayennepfeffer
- 1 1/2 TL Zimt
- 1 EL Küchensenf süß
- 1 EL Senföl

Blätter vom Chicorée und Feldsalat teilen, waschen und trocken tupfen. Granatäpfel vierteln und das Kerngehäuse auslösen, alles auf einer Platte, Teller oder in einer Schüssel verteilen.

Alle Gewürze, Senf und Öl in ein Schraubglas geben und kräftig durchschütteln, danach über den Salat gießen.

Scharfer Bohnensalat

4 Personen

Zutaten:
- 400 g Wachsbohnen
- 4 Scheiben Bauchspeck
- 1 Tomate
- 1 Tasse Tomatenketchup
- 1 Apfel
- 1 Zwiebel
- 1 EL Chilisenf
- 2 EL Senföl
- je 1 Pr. edelsüßen Paprika, Cayennepfeffer und Currypulver
- 1 TL Salz
- Zweige oder zerkleinerte Blätter von Majoran, Thymian, Rosmarin
- 1 Bd. Petersilie, Senfsprossen

Bohnen blanchieren (in Salzwasser kurz aufkochen und abgießen), erneut in Salzwasser garen, abtropfen und auskühlen lassen. Aus dem Apfel das Kerngehäuse entfernen und den Apfel würfeln.

Die Zwiebel schälen, klein würfeln, in Öl glasig dünsten, Tomatenketchup, die Kräuter und Gewürze hinein mischen und kurz andünsten.

Die Speckscheiben ohne Fett braun rösten und mit den Bohnen und der Zwiebelmischung verrühren.

Garnitur: Tomatenscheiben und Petersilie

Geflügelsalat

4 Personen

<u>Zutaten:</u> 500 g Geflügelfleisch
1 Lorbeerblatt
8 Körner Piment
1 TL Pfefferkörner
1 Bd. Wurzelwerk (S. 23)
2 hart gekochte Eier
150 g Mayonnaise (S. 25)
2 EL Biersenf
1 EL Senföl
1 Apfel
200 g Ananas
4 Senfblätter, Balsamicopaste

Geflügelklein oder Kochhuhn in reichlich Salzwasser, den Gewürzen und dem geputzten Wurzelwerk gar kochen.

Das Fleisch (500 g) ablösen, klein schneiden und in eine große Schüssel geben. Die Brühe durch ein Sieb gießen, das Gemüse klein schneiden und wieder zur Brühe geben.

Eier, Apfel und Ananas in kleine Würfel schneiden, mit Mayonnaise, Biersenf und Öl vermischen und unter das Fleisch heben.

Dazu Toastbrot und eine Tasse Brühe servieren.

Garnitur: Senfblätter, Balsamicopaste

Katerfrühstück

4 Personen

<u>Zutaten:</u> 4 Matjesfilets
2 saure Äpfel
je 1 rote und 1 gelbe Paprikaschote
2 Gewürzgurken oder Schnellgurken
2 Tomaten
2 Zwiebeln
1 EL Chilisenf
1 EL Senföl
1 TL Balsamicoessig
Pfeffer, Salz
1 Zitrone
1 Bund Schnittlauch
4 Scheiben Schwarzbrot

Matjesfilet, Äpfel, Gurken, Paprika, Tomaten und Zwiebeln in kleine Würfel schneiden, mit Senf und Öl vermischen und mit Essig, Pfeffer und Salz würzen.

Garnitur:
Zitrone vierteln und an den Tellerrand legen.

Bunter Kartoffelsalat/ Nudelsalat

4 Personen

<u>Zutaten:</u> 800g Kartoffeln, vorwiegend festkochend oder
Hörnchennudeln
je 1 TL Salz und Kümmel
6 Eier
200 g Fleischsalat oder 150g Mayonnaise
2 EL Küchensenf original
3 Senfsprossen
1 EL Senföl
1 EL Kirschsenf
2 Tassen Salat-Mix (S. 22) oder
1 Bd. Frühlingszwiebeln
1 Gurke
1 Tomate
2 Gewürzgurken
1 rote, 1 gelbe Paprikaschote
je 1 Pr. Salz, Pfeffer, schwarzes Senfmehl,
1 Bd. Radieschen
je 1 Zweig Basilikum und Kerbel

Kartoffeln mit der Pelle, Salz und Kümmel kochen und auskühlen lassen, Eier fest kochen, Fleischsalat, Senf, Senföl, kleingeschnittene Frühlingszwiebeln (1 EL. grüne Ringe für die Garnitur zur Seite legen), gewürfelte Gewürzgurke, Tomate und die Gewürze in einer Schüssel mischen.

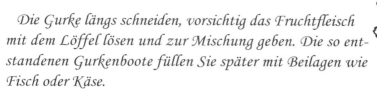

Die Gurke längs schneiden, vorsichtig das Fruchtfleisch mit dem Löffel lösen und zur Mischung geben. Die so entstandenen Gurkenboote füllen Sie später mit Beilagen wie Fisch oder Käse.

Vom Paprika den Deckel mit Stiel großzügig abschneiden, als Blüte für die Garnitur zur Seite legen. Die restlichen Schoten würfeln und zum Salat geben.

Die Kartoffeln schälen und in Scheiben oder Würfel schneiden, in der Schüssel vorsichtig untermischen.

Oder Nudeln nach Vorschrift kochen, unter kaltem Wasser abschrecken und anstelle der Kartoffeln untermischen.

Räucherfisch mit kalter Senfsoße

<u>Zutaten:</u>   Pro Person 2 Filets geräucherte Makrele oder
200 g Räucherfisch Ihrer Wahl
1 gekochtes Ei
1 EL Meerrettichsenf
1 Pr. schwarzes Senfmehl
1 Becher Creme Fraiche
1 Schale Rucola oder Blattsalat
Frühlingszwiebeln, Kerbel

Den Blattsalat auf Teller verteilen und je 2 Filets darauf legen.

Den Senf, Senfmehl, Creme Fraiche zu einer glatten Soße verquirlen, die Frühlingszwiebeln in Ringe schneiden, unter die Soße heben und danach über die Filets verteilen.

Garnitur: halbe gekochte Eier und Kerbelzweige

Pikanter Käsesalat

4 Personen

Zutaten: 200 g Käse (Edelpilzkäse)
1 Birne
1 Apfel
200 g Sauerkirschen, entsteint
2 Mandarinen
100 g in Rum eingelegte Früchte

Soße: 200 g Sahne
2 EL Fruchtsenf (S. 19)
Saft einer Zitrone
1 TL Zucker
je 1 Pr. Salz, Pfeffer
1 Bd. Petersilie
1 Kopf Salat oder 4 Blätter Pflücksalat

Die Früchte können auch aus der Dose verwendet werden, dann gut abtropfen lassen, sonst Kerne und Steine entfernen und in Würfel schneiden.
Käse klein würfeln und vorsichtig mit dem Obst mischen.
Von der Petersilie 2 Zweige weglegen, den Rest fein hacken.
Alle Soßenzutaten mischen und über den Salat gießen.

Garnitur: Blattsalat, Petersilienzweige

Wintersalat aus Kürbis und mit Fisch

4 Personen

<u>Zutaten:</u>   400 g Kürbis
400 g Fischfilet
100 g Pistazien
1 Knolle Ingwer
1 Zitrone, 1 Scheibe zur Garnitur weglegen
2 EL Butter
1 EL Sirup (mögl. Ingwersirup)
1 EL Senfblütenhonig
1 EL Kürbiswasser
1 EL Essig
2 EL Senföl,
je 1 Pr. Salz, Zucker, Pfeffer, Senf- und Currypulver
2 EL Salat-Mix (S. 22)
1 Zweig Dill für die Garnitur

Das Kürbisfleisch von der Schale lösen, Kerne entfernen, das Kürbisfleisch würfeln, den Ingwer in feine Streifen schneiden und beides mit dem Sirup mischen, kühl stellen und durchziehen lassen.

Fischfilet in Würfel schneiden, in der Butter gar dünsten, abkühlen lassen und mit Zitronensaft und den restlichen Zutaten mischen.

Garnitur: Zitronenscheibe und Dillzweig

Krabbensalat im Chicoréeboot

4 Personen

Zutaten: 200 g Krabbenfleisch
2 Stauden Chicorée
2 Eier
2 Tomaten
1 Birne, 1 Apfel
200 g Champignons
je 1 EL Sahne, Mayonnaise, Kräuterlikör, Orangensenf, Senföl, Tomatenketchup
den Inhalt einer kleinen Dose (Glas) Mixpickles
1 Zitrone entsaften
je 1 Pr. Salz, Zucker, Chilipulver

Krabbenfleisch trocken tupfen und mit Salz und Zitronensaft mischen und durchziehen lassen.

Eier 10 Min. hart kochen, unter kaltem Wasser abschrecken, schälen und in kleine Würfel schneiden.
Aus Birne und dem Apfel das Kerngehäuse entfernen und mit den Tomaten, Champignons und Mixpickles in Würfel schneiden.

Alle Zutaten mischen und auf die Chicoréeblätter verteilen.

Tomatensalat mit schwarzem Senfmehl

4 Personen

Zutaten: 750 g Tomaten
1 Zwiebel
2 Knoblauchzehen
1 Teelöffel schwarzen Senf, Senfmehl oder Schrot
2 EL Senföl
1 EL Balsamicoessig
je 1 Pr. Zucker, Salz, Pfeffer
Basilikum frisch
1 Bd. Schnittlauch

Tomaten würfeln oder Scheiben schneiden, Zwiebel würfeln, Knoblauchzehen pressen, 2/3 Basilikum und den Schnittlauch klein schneiden.

Alle Zutaten mit den Gewürzen und Öl vermischen und nochmals abschmecken.

Sie können den Salat auch mit Mozzarella und Senföl verfeinern.

Garnitur: Basilikumblätter, Mozzarellaflocken

Suppen

Senfsuppe

4 Personen

Zutaten:
3 EL Kräutersenf
1 l Gemüsebrühe oder Fleischbrühe
200 ml Saure Sahne
120 g Mehl
1 Zwiebel
1 Möhre
1 Kohlrabi
2 EL Senföl
2 EL Butter
2 Salbeiblätter
1 Pr. Schrot vom schwarzen Senf
2 Nelken, Salz, Pfeffer
junge rote oder grüne Blätter von Senfsprossen oder der Senfpflanze

Zwiebel, Möhre und Kohlrabi im Senföl andünsten und mit dem Mehl abbinden.

Die Salbeiblätter und Nelken mit der Brühe langsam zugeben, alles aufkochen lassen, Sahne und Senf unterrühren, nochmals aufkochen lassen und mit Salz, Pfeffer und Senfschrot abschmecken.

Die Suppe mit Butterflöckchen servieren.

Bärlauchsuppe

4 Personen

Zutaten: ca. 12 Bärlauchblätter je nach Größe
1 l Gemüsebrühe
1 EL Bärlauchsenf
1 Knoblauchzehe
je 1 EL Mehl, Senföl oder Butter
1 Zwiebel
Salz, Pfeffer

Zwiebeln und Knoblauch fein schneiden und im Öl goldgelb braten. Das Mehl danach anschwitzen und mit der Gemüsebrühe langsam auffüllen und zum Kochen bringen.

Die Bärlauchblätter in feine Streifen schneiden oder mit dem Wiegemesser zerkleinern und in eine gut vorgewärmte Schüssel geben.

Die Suppe vom Feuer nehmen, mit einem Schneebesen den Senf unterrühren und über die Bärlauchblätter gießen.

Broccolicremsuppe mit Honigsenf

4 Personen

Zutaten: 800 g Broccoli
800 ml Gemüsebrühe
200 g Saure Sahne
2 EL. Honigsenf
2 Zwiebeln
Salz, Pfeffer, gelben Senf geschrotet

Zusätzlich können Sie die Suppe mit Cocktailwürstchen oder 200 g in Streifen geschnittenem Räucherlachs servieren.

Broccoli putzen, in Röschen teilen und mit den Zwiebeln in die kochende Brühe geben und ca. 15 Min. garen lassen.

Für die Garnitur einige Röschen herausnehmen und wegstellen.

Alles andere pürieren, den Honigsenf und die Sahne unterrühren.

Tomatensuppe mit Eierflocken

4 Personen

<u>Zutaten:</u> 500 g Tomaten oder 1 Dose geschälte Tomaten
2 EL Butter
2 EL Mehl
1 l Gemüsebrühe
1 Zwiebel
1 kleine Zucchini
1 EL Wurzelwerk (S. 23)
4 Zweige Basilikum
2 EL Stärkemehl
4 EL Wasser
2 Eier
2 EL Preiselbeersenf (Fruchtsenf S. 19)
4 TL Kräuterbutter (S. 24)

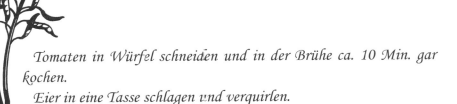

Tomaten in Würfel schneiden und in der Brühe ca. 10 Min. gar kochen.

Eier in eine Tasse schlagen und verquirlen.

Butter im Topf zerlassen, Zwiebelringe leicht dünsten, Mehl anschwitzen, langsam Gemüsebrühe mit den Tomaten auffüllen und weitere 10 Minuten unter Rühren kochen lassen.

Das Stärkemehl mit Wasser auflösen und in die Suppe rühren, nochmals kurz aufkochen lassen, vom Ofen nehmen, Preiselbeersenf und die Eier dazu geben. Dieses verquirlen und servieren.

Kürbissuppe mit Orangensenf

4 Personen

<u>Zutaten:</u> 500 g Kürbis (Muskatkürbis besonders schmackhaft)
500 ml Gemüse- oder Fleischbrühe
100 ml Sahne
1 Kartoffel
1 Zwiebel
3 EL Butter
2 EL Orangensenf (Fruchtsenf S. 19)
2 EL Senföl
1 Pr. geriebene Muskatnuss
100 g Ingwerwurzel
angefallene frische Kürbiskerne
Salz
1 Pr. Senfmehl
1 Orange

Kürbis entkernen, Fleisch von der Schale und den Kernen lösen, Kartoffel und Zwiebel schälen, Kürbis, Kartoffel, Zwiebel in Würfel schneiden, Ingwer schälen, ein walnussgroßes Stück zur Seite legen und den Rest längs in dünne Scheiben schneiden.

Ingwer und Zwiebel in Butter in einem großen Topf andünsten, mit Brühe auffüllen, Kürbis, Kartoffel, Orangensenf und Salz zugeben.

Alles ca. 20 Min. gar dünsten, danach pürieren.

In dieser Zeit die Kürbiskerne säubern, waschen, mit einem Küchentuch trocknen und ohne Fett rösten. Öl erhitzen und die Ingwerscheiben goldgelb anbraten und mit den Kürbiskernen die Suppe garnieren.

Klare Sauerampfersuppe mit Feigensenf

4 Personen

<u>Zutaten:</u> 2 Hände Blätter von der Sauerampferpflanze
2 Hände junge Brennnesselblätter
1 l Gemüsebrühe
2 Eigelb
2 EL Butter
200 ml Saure Sahne
2 EL Feigensenf
Salz, Pfeffer, Senfmehl

Die Blätter in feine Streifen schneiden oder mit dem Wiegemesser zerkleinern und in Salzwasser kurz blanchieren, durch ein Sieb abgießen und in die kochende Brühe geben, alles ca. 15 Min. köcheln lassen und mit Salz, Pfeffer und Senfmehl abschmecken.

Eigelb und Sahne verrühren und ohne nochmals aufkochen zu lassen in die Suppe rühren.

Mit Butterflöckchen servieren.

Die Suppe kann auch mit 250 g gekochten und zerkleinerten Kartoffeln püriert werden.

Garnitur: Zweige von der Sauerampferpflanze, Cremehäubchen

Frühlingskräutersuppe mit süßem Küchensenf

4 Personen

<u>Zutaten:</u>   1-2 Hände voll frische Kräuter von Brennnessel, Spitzwegerich, Breitwegerich, Schafgarbe, Löwenzahn, Pimpinelle, Giersch, Vogelmiere, Sauerampfer
2 l Gemüsebrühe
2 Zwiebeln
2 Kartoffeln
2 Möhren
200 ml Saure Sahne
2 EL Senföl
2 EL süßen Küchensenf
Salz, Pfeffer, Senfmehl
Blüten vom Gänseblümchen

Kartoffeln und Möhren putzen, in Stücke schneiden und kochen. Die Zwiebeln würfeln und im Öl andünsten.

Die Kräuter gut waschen und im Küchentuch trocken tupfen, klein schneiden und zu den gedünsteten Zwiebeln geben, danach langsam die Brühe auffüllen.

Alles lassen Sie ca. 15 Min. auf kleinem Feuer kochen, verfeinern mit dem Senf, der Sahne und würzen mit Salz, Pfeffer und Senfmehl nach.

Fischsuppe mit Pfeffersenf

4 Personen

<u>Zutaten:</u> 600 g Kochfisch
Salz
je 2 EL Essig, Tomatenmark
1 1/2 l Wasser
2 Zwiebeln
2 TL Senföl
2-3 Schnell- oder Gewürzgurken
2 Lorbeerblätter
je 1 EL Kapern, Pfeffersenf
1 Zitrone
4 EL Creme fraiche
1 Strauß Petersilie
3 Pfefferkörner

Fisch gründlich waschen, mit Essig abreiben und mit Salz bestreuen. Den Fisch danach mit dem Wasser übergießen und mit Lorbeerblättern, Pfefferkörnern zum Kochen bringen und so lange auf kleinem Feuer kochen, bis er gar ist. Das Fleisch muss sich leicht von den Gräten lösen, dann das Fischfleisch aus der Brühe nehmen.

Die Zwiebeln in Scheiben schneiden und im Öl 2–3 Min. andünsten, Gurken, Kapern klein schneiden und anschließend in der Brühe ca. 10 Min. köcheln lassen.

Alle Zutaten wieder in den Topf geben, kurz aufkochen lassen und anschließend in Suppentassen oder auf Tellern mit Zitronenscheiben und Häubchen von Creme fraiche servieren.

Garnitur: Petersilienzweige

Für den kleinen Hunger und vegetarische Gerichte

Gebackener Camembert mit heißem Preiselbeersenf

Pro Person 2 Camembert

Den Camembert mit 1 gehäuften EL Preiselbeersenf in Alufolie einschlagen und ca. 20 Min. bei 200°C im Backofen backen.
Servieren Sie dann den Camembert mit Baguette und Salat-Mix (S. 22) oder auf einem Blatt Eisbergsalat.

Artischocke

4 Personen

Zutaten: 2 Artischocken (als vegetarische Hauptmahlzeit rechnen Sie 1 Artischocke pro Person)
1 Pr. Salz
1 TL schwarzen Senf, geschrotet
Saft von 2 Zitronen

Artischocken mit dem Salz, Senf und Zitronensaft ca. 30 Min. kochen. Dazu verschiedene Dipp servieren.

Pilzköpfe mit Schinken, Ei und original Küchensenf

4 Personen

Zutaten:
800 g Pilzköpfe
4 Eier
4 EL Senföl
250 g gekochten Schinken mit Speckrand
3 Zwiebeln
1 TL Kümmel
2 EL Küchensenf
Salz, Pfeffer,
je 1 Pr. Thymian und Rosmarin
4 Scheiben Senfbrot oder Schwarzbrot
4 Löffel Salat-Mix (S. 22)

Pilze gut säubern, waschen und abtropfen lassen, ca. 5 Minuten in leicht gesalzenem Wasser kochen, abgießen und im Tiegel mit 2 EL Öl von allen Seiten gut durchbraten.

Zwiebeln in Ringe und Schinken in Streifen schneiden, mit den Gewürzen abschmecken und in einem 2. Tiegel im restlichen Öl bräunen.

Die Brotscheiben auf einer Platte oder sofort auf den Tellern verteilen, mit dem Senf bestreichen, dem Schinken und den Zwiebelringen belegen, darüber die Pilze verteilen. Im Schinkentiegel die Eier braten und nach den Pilzen auf die Brote legen.

Garnitur: Salat-Mix, Rosmarin

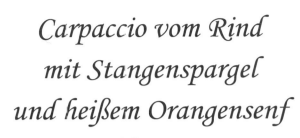

Carpaccio vom Rind mit Stangenspargel und heißem Orangensenf

4 Personen

Zutaten: 4 Platten Rindercarpaccio feingefroren
800 g Stangenspargel
Salz, Pfeffer, Zucker, Muskatnuss
4 EL Orangensenf
2 EL Rosinen
je 1 Pr. schwarzen Senf- und bunten Pfefferschrot
1 EL Butter
1 EL Semmelbrösel
4 Orangenscheiben

Platten vom Rindercarpaccio je auf einen flachen Teller zum Auftauen legen.

Spargel in reichlich Salzwasser, Zucker und geriebener Muskatnuss bissfest dünsten, dann etwas ziehen lassen.

Butter im Topf zerlassen, Orangensenf, Rosinen, Pfeffer- und Senfschrot erhitzen, Semmelbrösel dazu geben.

Spargel auf die vorbereiteten Teller mit dem Carpaccio verteilen, Orangensenfmasse darüber gießen.

Garnitur: Salat-Mix (S. 22)

Kürbisecken mit Chilisenf aus dem Römertopf

4 Personen

Den Römertopf eine Nacht in kaltem Wasser voll saugen lassen.

<u>Zutaten:</u>   800 g Kürbis (besonders schmackhaft Muskatkürbis)
4 rote Paprikaschoten
4 Chilischoten
8 getrocknete Tomaten
4 Knoblauchzehen
1 EL Chilisenf
1 EL Senföl
10 EL Olivenöl
2 Portionen Mozzarella
2 TL Salz
je 1 Pr. Pfeffer, schwarzes Senfmehl
2 Zweig Rosmarin

Kürbisfleisch auslösen, in große Würfel, Spalten oder Scheiben schneiden, Kürbiskerne waschen und beides zur Seite stellen.
Ofen auf 200°C vorheizen.

Von den Paprikaschoten großzügig die Kappe mit Stiel abschneiden und für die Garnitur weglegen. Die restlichen Schoten halbieren, entkernen und ca. 5 Min. grillen oder auf dem Backblech mit der Haut nach oben anbraten, anschließend in kleine Würfel schneiden.
Die Knoblauchzehen schälen und klein schneiden, die Tomaten würfeln, die Chilischoten längs halbieren und entkernen.

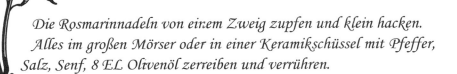

Die Rosmarinnadeln von einem Zweig zupfen und klein hacken.

Alles im großen Mörser oder in einer Keramikschüssel mit Pfeffer, Salz, Senf, 8 EL Olivenöl zerreiben und verrühren.

Das Kürbisfleisch nebeneinander im Römertopf verteilen, alles mit der gemischten Paste bestreichen und ca. 60 Min. in der Röhre zugedeckt bei ca. 220°C garen.

Die Kürbiskerne gut trocken reiben und ohne Öl rösten.

Mozzarella auseinander zupfen, im restlichen Olivenöl und mit etwas Salz marinieren, alles auf den gedünsteten Kürbis verteilen und im Römertopf servieren.

Garnitur: Paprikakappen und Rosmarinzweig

Kartoffelecken mit Pfeffersenf

4 Personen

Zutaten: 800 g festkochende Kartoffeln
Salz, Paprikapulver edelsüß
Cayennepfeffer oder getrocknete Chilischoten fein mahlen
2 EL Senföl
4 EL Pfeffersenf
4 EL Salat-Mix (S. 22)
Boretschblüten

Kartoffeln mit Pelle (Pellkartoffeln) am Vortag unter Zugabe von einem TL Salz und einem TL Kümmel, bissfest kochen, abgießen und kalt werden lassen.

Friteuse auf 170°-180°C erhitzen. (Geeignet auch Fonduetopf mit Pflanzenöl unter Zugabe von einem EL Senföl)

Kartoffeln vierteln und goldbraun ausbacken und zum Entfetten auf Küchenrolle legen.

Senföl, Pfeffersenf, Salz, Paprikapulver und Cayennepfeffer mischen und als Dipp servieren.

Garnitur: Salat-Mix, Boretschblüten und Balsamicopaste

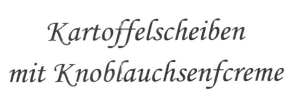

Kartoffelscheiben mit Knoblauchsenfcreme

Für einen Raclette- oder Grillabend
Pro Person 2 Scheiben

Zutaten:
3 große Kartoffeln
1 Ei
50 g Saure Sahne
100 g Joghurt
1 EL Knoblauchsenf
je 1 Pr. gemahlenen Paprika und Zucker
½ Bund Schnittlauch in Ringe geschnitten
4 EL Salat-Mix (S. 22)

Die Kartoffeln kochen, wenn gewünscht schälen und in die gewünschte Anzahl 1 cm dicke Scheiben schneiden. Für die Creme die restlichen Zutaten gut verrühren und auf die Kartoffelscheiben verteilen.
Garnitur: Salat-Mix oder Radieschen

Herzhafte Grießecken
4 Personen

Zutaten:
200 g Weizengrieß, 100 g Semmelbrösel
3 Eigelb
6 EL Senföl
1 TL Küchensenf süß
750 ml Milch
150 g geriebenen Butterkäse
je 1 Pr. Salz, Pfeffer, geriebene Muskatnuss

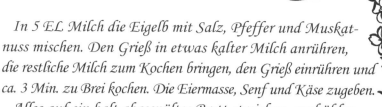

In 5 EL Milch die Eigelb mit Salz, Pfeffer und Muskatnuss mischen. Den Grieß in etwas kalter Milch anrühren, die restliche Milch zum Kochen bringen, den Grieß einrühren und ca. 3 Min. zu Brei kochen. Die Eiermasse, Senf und Käse zugeben.
Alles auf ein kalt abgespültes Brett streichen, auskühlen lassen, Vierecke schneiden. Das Öl in einer Pfanne erhitzen, die Grießecken mit Semmelbrösel panieren und goldgelb backen.

Linsentopf mit Curry

4 Personen

Zutaten:
- 225 g grüne Linsen
- 500 g Gemüsebrühe
- 150 g Joghurt
- 1 EL Senföl
- 2 Süßkartoffeln würfeln
- 2 Zwiebeln fein hacken
- 2 TL Currypulver
- 2 EL Knoblauchsenf
- 1 EL fein gehackte Ingwerwurzel
- 1 Chilischote
- 1 Tasse Tomatenmark
- Salz, Petersilie

Senföl im Topf erhitzen und die Zwiebeln anbraten. Curry und alle Gewürze zugeben, mit Tomatenmark und Brühe ablöschen, ca. 30 Min. köcheln lassen, die Süßkartoffeln zugeben, nochmals 15 Min. kochen. Wenn die Kartoffeln gar sind, Joghurt, Knoblauchsenf, Petersilie unterrühren und mit Salz abschmecken.
Garnitur: Blatt und Blüten der Kapuzinerkresse

Spargelomelett mit Feigen- oder Orangensenfsoße

4 Personen

Zutaten:
200 g Weizenmehl
250 ml Milch
3 Eier
1 TL Zitronensaft
5 EL Öl zum Braten
1 kg Spargel
1 EL Butter,
je 1 Pr. Zucker, Salz und geriebene Muskatnuss

Sauce:
100 ml Senföl
2 EL Mehl
knapp ½ l kochendes Wasser
1 TL Butter, 3 Eigelb
1 TL Zitronensaft

Füllung:
4 Scheiben gekochten Schinken
4 Scheiben Frühstückslachs
4 TL Feigensenf und Orangensenf
je 2 EL gehackte Petersilie, Kerbel, Estragon
Kresseblüten

Omelett: Mehl in eine Schüssel sieben, mit Salz gut mischen, Eier und Milch zugeben. Alles zum Teig verarbeiten, gehen lassen bis der Teig reist, Zitronensaft untermischen.

Spargel schälen, Enden abschneiden, in reichlich Salzwasser mit Zucker, Muskatnuss und Butter ca. 20 Min. garen.

Senfsauce: Butter in kleinem Topf erhitzen, Mehl leicht anschwitzen, das heiße Wasser langsam unterrühren, mit Salz und Zitronensaft abschmecken, vom Ofen nehmen, Eigelb, Öl, die Hälfe Senf und die Kräuter untermischen.

Aus dem Teig 4 Omeletts goldgelb ausbacken, 2 Stück dünn mit Orangensenf bestreichen und mit Schinken belegen.
Die anderen zwei dünn mit Feigensenf bestreichen und mit Lachs belegen.
Die Omelett halbieren und mit der Senfölsauce servieren.

Garnitur: Kräuterzweig oder Kresseblüten

Backkartoffel mit Kräuterquark

4 Personen

<u>Zutaten:</u> 4 mehlig kochende große Kartoffeln
4 EL Senföl
Je 1 Avocado ca. 250g gelbe und rote Paprikaschote
rote Peperoni
1 Limette davon
1 TL abgeriebene Limettenschale und
2 EL Saft
3 Frühlingszwiebeln
250g Sahnequark oder Schmand
100g Sahnejoghurt
1 Knoblauchzehe
1 EL Kräutersenf
Salz, bunter Pfeffer
1 Pr. Zucker
Gänseblümchenblüten

Zur Verfeinerung können je 2 Blätter Spitzwegerich, Schnittlauch, Pimpinelle, Löwenzahn, Schafgarbe, Klee und je 1 Blatt Breitwegerich, Giersch, Liebstöckel und Sauerampfer feingehackt dazu gegeben werden.

Den Backofen auf 170° C vorheizen.
Die Kartoffeln mit Schale unter kaltem Wasser schrubben und je mit 1 EL Senföl bestreichen, leicht mit Salz bestreuen und auf ein geöltes Backblech setzen, auf der 2. Schiene v.u. bei ca. 70° C garen.

Quark, Schmand, Sahnejoghurt, gepresste Knoblauchzehe, Limettenschale, Senf und Salz verrühren und mit Pfeffer und Zucker nachwürzen.

Avocado halbieren, Stein entfernen, Fleisch auslösen und kleine Würfel schneiden, Limettensaft untermischen, Paprika putzen und würfeln, Peperoni entkernen und fein hacken.
Alles mit den frisch geernteten Kräutern der Quarkmischung locker unterheben.

Kartoffel auf dem Teller mit der Gabel aufbrechen, Mischung dazu geben und mit Gänseblümchen garnieren.

Paprikareis mit Senfsprossen

4 Personen

<u>Zutaten:</u>   200 g Reis
500 ml Brühe
4 Lauchzwiebeln
je 2 roten und gelben Paprikaschoten
1 Pr. Salz
4 EL Butter
1 TL Senfmehl
Senfsprossen oder junge Blätter von der Senfpflanze

Den Reis in der Brühe mit den klein gehackten Lauchzwiebeln und Paprika zugedeckt ca. 15 Min. gar kochen, mit Salz und Senfmehl abschmecken, darauf Butterflöckchen und Senfsprossen verteilen.

Garnitur: Junge Senfblätter

Verlorene Eier in Senfsoße

4 Personen

Zutaten: 12 Eier
           2 EL Essig
           Salz

Eine der Senfsoßen von Seite 20-21 wählen.
Verwenden Sie Meerrettichsenf erzielen Sie einen intensiven Geschmack.
Ca. 12 cm Wasser in einem flachen Topf mit Salz und Essig zum Kochen bringen, die Eier einzeln in eine kleine Kelle schlagen und hinein geben. Sobald das Weiß zusammenhält, die Eier mit einem Schaumlöffel vorsichtig in eine Schüssel heben und mit der heißen Senfsoße übergießen.

Senfsoße mit Ei

Zutaten: Je 1 Tasse Küchensenf
           zerlassene Butter, Zucker
           Weißwein, Weinessig
           Fleisch- oder Gemüsebrühe und 3 Eigelb

Alle Zutaten im Topf gut verquirlen und unter Rühren langsam zum Kochen bringen.
Dazu servieren Sie Kartoffeln und Blattspinat.

Garnitur: Salat-Mix (S. 22)

Eierragout in Kräutersenfsoße mit Reis

4 Personen

Zutaten:
250 g Reis
6 Eier
je 1 Bd. Frühlingszwiebeln und Möhren
300 ml Milch (1,5%)
2 Kohlrabi
1 Zwiebel
1 l Gemüsebrühe
1 TL Nadeln von einem Zweig Rosmarin
je 2 EL Butter, Mehl, Kräutersenf
Salz, Pfeffer, Senfmehl
Kerbel

Reis nach Vorschrift mit den Zwiebeln garen, Lauch zur Seite legen. Eier ca. 10 Min. hart kochen, unter kaltem Wasser abschrecken, schälen und halbieren.
Lauch und Kerbel fein hacken, Rosmarinnadeln sehr fein wiegen.
Brühe aufkochen, Möhren, Kohlrabi würfeln und in der Brühe ca. 10 Min. garen. Gemüse im Durchschlag oder Sieb abgießen, Brühe im Topf auffangen.

In der Butter die Rosmarinnadeln leicht dünsten, das Mehl danach anschwitzen, die Hälfte von Lauch und Kerbel zugeben, mit der Brühe langsam auffüllen und kurz aufkochen lassen.
Gemüse, Senf und halbierte Eier in die Soße geben mit Kerbel und Lauch bestreuen.

Hauptgerichte mit Fisch

Heilbutt oder Scholle gekocht mit Senfsoße

4 Personen

<u>Zutaten:</u> 1 kg Fisch
Essig, Salz
3 l Wasser
1 Zwiebel
3 EL Wurzelwerk (S. 23) oder 1 Bd. frisches Wurzelwerk
1 EL. Salz
je 1 Pr. Zucker, Thymian, Estragon, Rosmarin
2 Lorbeerblätter
je 1 TL Pfefferkörner, Senfmehl
1 Zitrone, Dill
Senfsoße zu Kochfisch (S. 21)

Fisch von Kopf, Schwanz und Gräten lösen oder fertiges Filet verwenden, waschen, säuern, salzen und das Fischfleisch in große Würfel schneiden.

Kopf, Schwanz und Gräten mit den Gewürzen ca. 45 Min. kochen und danach durch ein Sieb gießen, die Fischstücke in dem Sud ca. 20 Min. auf kleinem Feuer garen.

Verwenden Sie bereits entgrätetes Fischfilet, garen Sie dies in einem Sud aus allen Zutaten an Gewürzen und Kräutern.

Dazu servieren Sie Petersilienkartoffeln.

Forelle gefüllt mit Meerrettichsenf

4 Personen

Zutaten:	4 Forellen
	Essig, Salz, Senföl

Senfpaste:	je 1 EL Küchensenf süß und Meerrettichsenf
	2 Eier, 2 kleine gekochte und geschälte Kartoffeln
	2 EL Milch
	2 Scheiben Brot, gewürfelt
	je eine 1 Pr. Salz, Zucker, Pfeffer
	edelsüßen Paprika, Dillzweige
	Paniermehl, Mehl zum Braten

Sauce:	60 g Butter
	2 EL Mehl
	2 Zwiebeln fein gewürfelt
	750 ml Milch
	4 EL Weiswein
	Dillzweige
	je 1 Pr. Pfeffer, Salz, schwarzen Senfschrot
	4 Zitronenscheiben

Alle Zutaten für die Senfpaste ohne Paniermehl in einer Schüssel mischen, danach mit Paniermehl etwas binden.

Forellen ausnehmen, putzen, gut waschen, mit Essig einreiben, von allen Seiten leicht einsalzen.

Ofen auf 200°C vorheizen, Blech mit Öl auf die Mittelschiene stellen.

Forellen mit der Senfpaste füllen und von beiden Seiten oder mit Umluft ohne wenden ca. 12 Min. braten.

Für die Sauce die Zwiebeln in der Butter andünsten, mit dem Wein ablöschen, etwas einkochen lassen, Mehl dazu rühren und kurz anschwitzen lassen. Danach die Milch langsam unterrühren und mit Pfeffer, Salz, Senfschrot und Dill abschmecken.

Gefüllter Schellfisch

4 Personen

Zutaten:
1 kg Schellfisch im Stück
Essig, Salz
2 Tomaten
1 Zwiebel
2 Gewürzgurken oder Mixpickles
je 2 EL Tomatenmark, gehackte Petersilie, Dill, Boretsch, Butter
je 1 EL Senföl, Meerrettichsenf
1 Zitrone entsaften
1 ½ Tasse Buttermilch
40 g Mandelsplitter
1 Tomate

Fisch waschen, Mittelgräte auslösen, trocken tupfen, mit etwas Essig säuern, salzen und zum Füllen auf ein Brett oder eine Platte legen. Ofen auf 200°C vorheizen.

Kräuter hacken, Gemüse in Würfel schneiden, mit dem Senf mischen und in den Fisch füllen. Danach legen Sie den Fisch vorsichtig in eine mit dem Öl ausgestrichene Pfanne, Form oder einen Römertopf, streichen das Tomatenmark darüber und verteilen Butterflöckchen. Alles dünsten Sie ca. 20 Min. und gießen dann die Buttermilch zu.

Nach weiteren 15 Min. nehmen Sie den Fisch vorsichtig heraus, streichen den Sud durch ein Sieb und gießen alles wieder über den Fisch.

Garnitur: geröstete Mandelsplitter und Tomatenecken

Karpfen blau mit Apfelmeerrettich

4 Personen

Zutaten: 2,5 kg Karpfen
500 ml Wasser
1 Tasse Spritessig
Salz

Für den Sud: 5 l Wasser, nochmals 1 Tasse Spritessig
Je 1 TL Pfefferkörner, Piment, Wacholderbeeren, schwarze oder gelbe Senfkörner
3 EL Wurzelwerk (S. 23) oder 1 Bd. frisches Wurzelwerk
1 Zwiebel, 1 EL Salz
Je 1 Pr. Zucker, Thymian, Rosmarin, Estragon
800 g Apfelmeerrettich (S. 30)
Saft von 2 Zitronen, 1 Zitrone für die Garnitur
Dillzweige
250 g Kräuterbutter (S. 24)

Den Karpfen wässern, säuern, salzen. Die 500 ml Wasser mit der Tasse Essig zum Kochen bringen und den Karpfen von allen Seiten begießen, so dass er sich blau färbt. Die 5 l Wasser mit den Gewürzen, Essig und Kräutern in einem großen Topf oder einer Pfanne gleichfalls zum Kochen bringen, den Karpfen hinein legen und 20-25 Min. garen. In der Zwischenzeit die Kräuterbutter zerlassen ohne diese zu bräunen.

Den Karpfen auf einer Platte mit Zitronenecken und Dillzweigen garnieren und mit Petersilienkartoffeln, Kräuterbutter, dem Apfelmeerrettich und Zitronensaft servieren.

Hauptgerichte mit Fleisch

Rouladen vom Rind

4 Personen

Rouladen lassen sich sehr gut einfrieren und wer Wert auf reichlich Soße legt, sollte entsprechend mehr Fleisch braten.

<u>Zutaten:</u>   4 Rouladen vom Rind
4 EL scharfen, grobkörnigen Senf
4 Streifen oder Späne von der Zitronenschale
2 Möhren
1 Zwiebel
4 Scheiben Speck oder Schinken
Salz, Pfeffer, Senfschrot
150 g Margarine
50 g Margarine oder 3 EL Senföl
1 EL Mehl
1 Tasse Rotwein

Die Rouladen flach mit je 1 EL Senf bestreichen, Salz, Pfeffer und wenig Senfschrot darüber streuen.

Zitronenstreifen, je ½ Möhre, 1 Scheibe Speck, ¼ Zwiebel einwickeln und mit Zwirn oder Rouladennadeln schließen. 150 g Margarine erhitzen, die Rouladen scharf anbraten und danach ca. 1 Stunde schmoren lassen, wenig heißes Wasser nachgießen. Das Mehl in der Margarine braun rösten und mit Rotwein ablöschen, dies zu den Rouladen gießen, fertig garen und nach Geschmack die Beilagen wählen. Ich empfehle dazu Petersilienkartoffeln und Apfelrotkohl.

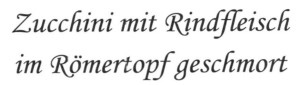

Zucchini mit Rindfleisch im Römertopf geschmort

4 Personen
Den Römertopf über Nacht in kaltem Wasser voll saugen lassen.

<u>Zutaten:</u>
3 Zucchini
200 g Kürbis oder Champignons
300 g Kartoffeln
400 g Rindfleisch, Gulaschfleisch
je 2 EL Senföl, Pfeffersenf
1 Tasse Rotwein
2 Tassen Fleischbrühe oder Gemüsebrühe
1 Tasse Tomatenmark
je 1 Zwiebel, Möhre, Tomate, Knoblauchzehe
1 Lorbeer- und 1 Salbeiblatt
1 TL gemahlenen Kümmel
je 1 Pr. Zucker, Pfeffer, Senfmehl, Salz
Zweige von Petersilie oder Kerbel

Das Fleisch, Gemüse und Kartoffeln in Würfel schneiden. Das Fleisch im Öl von allen Seiten gut anbraten und ohne Öl in den Römertopf geben. In der gleichen Pfanne die in Ringe geschnittene Zwiebel glasig dünsten, die Gewürze zugeben und ca. 1 Min. mitdünsten. Die Brühe und Tomatenmark unterrühren und nochmals ca. 10 Min. köcheln lassen. Danach alle Zutaten mit dem angebratenen Fleisch im Römertopf mit Kartoffeln, Möhren und dem Wein zugedeckt ca. 1 Stunde bei ca. 180 °C schmoren lassen, den Senf unterrühren und ohne Deckel fertig garen.

Mit Salz, Zucker, Pfeffer und Senfmehl abschmecken.
Garnitur: gehackte Petersilie oder Zweige von Kerbel

Rindfleisch mit Pfeffersenf

4 Personen

Zutaten: 1500 g Rindfleisch mit Knochen zum Kochen bringen (z.B. Beinscheiben)
2 Zwiebeln
1 Bd. Wurzelwerk (S. 23)
1 TL getrocknete Pilze
1 TL Senföl
Salz, Pfeffer, Piment, Lorbeerblatt
je 1 Zweig Estragon, Basilikum, Thymian
1 Zwiebel
100 g Butter
je 1 EL Pfeffersenf, Zitronensaft, Weinessig, Zucker
5 Kapern

Das Rindfleisch mit den Gewürzen in reichlich Wasser zugedeckt zum Kochen bringen, den Schaum abschöpfen und ca. 2 Stunden garen.

In der Butter die Kräuter und gewürfelte Zwiebel dünsten, etwas Fleischbrühe zugeben, das Fleisch hineinlegen und fertig garen.

Zur Bratensoße den Senf, Kapern und Zucker unterrühren, mit Pfeffer und Salz abschmecken. Die Soße kann mit Fleischbrühe beliebig aufgefüllt und verquirlt werden.

Gemüsepfanne mit Lammfleisch

4 Personen

Zutaten: 500 g Lammfilet oder ausgelöstes Lammkotelette
100 g Speck
250 ml Rinderbrühe
Pflanzenöl
500 g Champignons
500 g Zucchini oder Kartoffeln
2 EL gehackte Petersilie
½ TL Thymian
2 Zwiebel
2 EL Senföl
2 EL Knoblauchsenf

Die Zwiebeln und den Speck in einer großen Pfanne anbraten. Champignons und Zucchini in Scheiben schneiden und dazu geben. Alles mit Salz, Pfeffer und Thymian würzen und unter Rühren 3-4 Min. braten.

Das Lammfilet in feine Streifen schneiden und in einer zweiten Pfanne in heißem Öl unter Zugabe des Senföls 2-3 Min. anbraten, mit der Brühe ablöschen, das Gemüse mit dem Fleisch und Senf mischen, nochmals abschmecken und mit Petersilie überstreut servieren.

Hammelbraten mit Senf

4 Personen

Original aus dem Kochbuch meiner Oma übernommen:

Ein Stück Keule oder Rücken wird von allen Seiten mit Senf bestrichen, Salz bestreut und möglichst mit Zwiebelstreifen gespickt. Nun lässt man Butter oder Fett braun werden, legt das Fleisch hinein und bräunt es von allen Seiten schön an. Nun gießt man wenig Wasser hinzu, lässt es wieder zum Braten kommen und gießt noch mal wenig Wasser nach. (wiederholt das 2-3 mal)

Wenn sich ein schöner Bratensud gebildet hat, kann man so viel Wasser zugießen, als man Sauce braucht.

Mit dieser Sauce wird der Braten aller 15 Min. begossen, vorher gut abschmecken.

Kurz vor Tisch entfettet man die Sauce, wenn nötig rührt man noch etwas Mehl unter.

Bratzeit 3 Stunden.

Original aus dem Kochbuch meiner Oma übernommen:

<u>Resteverwertung:</u>

Man löst den Rest des Hammelbratens vom Knochen und schneidet ihn in nussgroße Stücke, die Knochen zerhackt man und setzt sie mit Wasser bedeckt an, fügt etwas Salz und einige Pfefferkörner hinzu. Nachdem die Knochen tüchtig ausgekocht sind, macht man eine braune Mehlschwitze, füllt sie mit dieser Brühe auf, fügt eine Handvoll getrocknete Pilze, ½ Glas Wein und einen Esslöffel Johannisbeergelee hinzu, schmeckt gut ab und lässt die Fleischstückchen darin eine Weile schmoren. Man kann das Gericht mit gekneteten Semmelecken garnieren und gibt Makkaroni dazu.

Schweinebraten mit Kirschsenfsoße

4 Personen

Zutaten:
1 kg Schweinebraten
1 l Fleischbrühe
100 g Wurzelwerk (S. 23) oder 1 Bd. frisches Wurzelwerk
150 g Margarine
1 Lorbeerblatt
1 TL geriebene Zitronenschale
3 Nelken
20 gestoßene Wacholderbeeren
¼ l Weinessig
Pfeffer, Salz

Senfsoße (S. 20-22):

Soßen mit einer Tasse Kirschsenf (Fruchtsenf S. 19) verfeinern, Schweinefleisch mit Salz und Pfeffer würzen und in der heißen Margarine scharf anbraten, mit der Fleischbrühe und den Gewürzen auffüllen und gar dünsten.

Das Fleisch herausnehmen, nach Bedarf die Senfsoßen mit der Bouillon (durch ein Sieb gestrichen) auffüllen und zur gewählten Beilage servieren.

Kasslerkotelette mit Sauerkraut und Kümmelsenf

4 Personen

Zutaten: 4 Kasslerscheiben mit Knochen
500 g Sauerkraut
1 l Fleischbrühe
1 Kartoffel
1 Zwiebel oder 1 TL Zwiebelsenf
1 EL Kümmelsenf
je 1 Pr. Salz, Pfeffer, Majoran, Thymian
1 Lorbeerblatt
5 Wachholderbeeren
Zweige Kerbel, Salat-Mix (S. 22) oder
Petersilie für die Garnitur

Sauerkraut mit der Brühe aufkochen, Kasslerscheiben, geriebene rohe Kartoffel, Gewürze, Kräuter und Senf zugeben und ca. 30 Min. zugedeckt garen lassen.

Serviervorschlag: Salzkartoffeln, Kartoffelmus oder Erbspüree und Kümmelsenf

Wildschwein mit Senfbrot

4 Personen

Zutaten:
1 kg Fleisch von der Brust oder Schulter
2 l Essigwasser
3 EL Wurzelwerk (S. 23) oder 1 Bd. frisches Wurzelwerk
1 EL Salz
2 EL Knoblauchsenf
2 Lorbeerblätter
1 Tl Pfefferkörner
1 Tl Schrot vom schwarzen Senf
Knoblauch oder auch Kümmelsenf, Sahnemeerrettich
4 Tassen Salat-Mix (S. 22)
Senfbrot

Essigwasser mit den Gewürzen und Kräutern zum Kochen bringen. Das Fleisch gut waschen und in den kochenden Sud geben. Darin ca. 2 Stunden gar kochen, dabei öfter abschäumen. Das Fleisch danach heiß in Scheiben schneiden, mit Senfbrot, Salat-Mix, Senf und Meerrettich servieren.

Das Fleisch kann auch wie Wellfleisch mit Salzkartoffeln und Sauerkraut serviert werden.

Kassler in Kräutersenfkruste mit Kartoffelecken

4 Personen

Zutaten:
1 kg ausgelöstes Kasslerfleisch im Stück
Salz, Pfefferschrot
1 kg Kartoffeln
300 ml Fleischbrühe
je 2 EL Pfeffersenf, Mehl, Kräutersenf
2 Eigelb
4 Knoblauchzehen
1 Zwiebel
1 EL Senföl
1 Pr. Senfmehl
5 EL gemahlene Haselnüsse
je 1 Bd. Petersilie und Basilikum
1 Tasse Salat-Mix (S. 29) zum Garnieren

Ofen auf 200°C vorheizen.

Kräuter, Knoblauchzehen und Zwiebel klein schneiden und mit Haselnüssen, Öl, Eigelb mischen.
Fleisch mit Senf und Pfefferschrot dünn einreiben, in eine Pfanne oder einen Römertopf legen, das Mehl darüber sieben und die Kräutermischung gleichmäßig verteilen.
Alles 15 Min. bei 180°C braten.

Kartoffeln, waschen, schälen und vierteln und um das Kasslerfleisch verteilen, die Brühe auffüllen und alles ca. 60 Min. weiter garen.

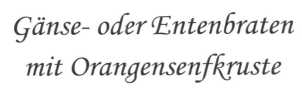

Gänse- oder Entenbraten mit Orangensenfkruste

4-6 Personen

Zutaten: 3 kg Gans oder Ente
100g Wurzelwerk (S. 23) oder 1 Bd. frisches Wurzelwerk
Lorbeerblatt
Salz, 10 Pfefferkörner, 10 Wachholderbeeren
100g Margarine
1 Bd. Beifuss
Salz, Pfeffer, Senfmehl
1 Tasse Orangensenf
2 saure Äpfel

Gans oder Ente gut waschen und trocken tupfen.
Das „Gänseklein", Hals, Flügel und Innereien, wie Leber, Herz, Magen (häuten), Fett mit dem Wurzelwerk, Lorbeerblatt und obigen Gewürzen in reichlich Wasser zu einer Fleischbrühe gar kochen.

Die Gans oder Ente innen und außen mit Salz und Pfeffer einreiben, mit Beifuss und Äpfeln füllen, mit einer Rouladennadel verschließen.
In der heißen Margarine scharf anbraten, etwas von obiger Brühe auffüllen und bei mittlerer Hitze ca. 1,5 Std. garen.
Danach mischen Sie den Orangensenf in den Sud und würzen mit etwas Senfmehl nach. Ohne Deckel und durch mehrmaliges Begießen, möglichst mit Umluft, fertig brutzeln.
Das „Gänseklein" und Wurzelwerk aus der Brühe nehmen und klein schneiden, die Brühe durch ein Sieb streichen, das Fleisch und Gemüse wieder zugeben, mit 2 verquirlten Eiern verfeinern und dies als schmackhafte Vorsuppe reichen.

Kaninchenbraten in Pflaumensenfsoße

Zubereitung möglichst am Vortag beginnen!

<u>Zutaten:</u>   1 Kaninchen im ganzen oder in Portionen geteilt
1 l Buttermilch, Pfeffer
100 g Öl
100 g Bauchspeck
100 g Wurzelwerk (S. 23) oder 1 Bd. frisches Wurzelwerk
1 Tasse frische Kräuter oder je 1 TL Thymian,
Salbei, Rosmarin, Estragon
je 1 TL Pfeffer, Salz, Zucker, Senfmehl
1 TL Wachholderbeeren
2 Äpfel
1 l Fleischbrühe
1 Tasse Pflaumensenf
1 Schuss Rotwein
100 ml Saure Sahne
Rosmarinzweige oder Salbei als Garnitur

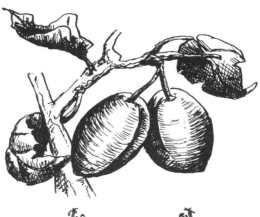

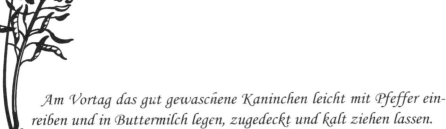

Am Vortag das gut gewaschene Kaninchen leicht mit Pfeffer einreiben und in Buttermilch legen, zugedeckt und kalt ziehen lassen.

Öl im vorgeheiztem Ofen bei 200°C erhitzen und das Kaninchen (die Buttermilch nur abtropfen lassen) von allen Seiten kurz anbraten. Den fein gewürfelten Bauchspeck, die entkernten Äpfel, Wurzelwerk, Kräuter und Gewürze zugeben.

Das Kaninchen bei ca. 180°C braten.
Die Brühe und einen Teil der Buttermilch nach und nach zugeben und mit dem Sud das Kaninchen in regelmäßigen Abständen übergießen. Nach ca. 2,5 Std. den Pflaumensenf unterrühren und nochmals das Fleisch übergießen und weitere 10 Min. mit Umluft garen.

Das Kaninchen heraus nehmen, die Soße durch ein Sieb streichen und mit Rotwein, Pfeffer, Salz und der Sauren Sahne abschmecken.

Zum Kaninchenbraten passen Klöße, Salzkartoffeln, Rotkohl, Broccoli oder Rosenkohl besonders gut.

Hirschkeule in Preiselbeersenfbeize

4 Personen
Die Beize mit der Hirschkeule mindestens 3 Tage vor Verzehr ansetzen!

<u>Zutaten:</u>
1 kg Hirschkeule
2 l Wasser
250 ml Essig
1 EL Salz
1 Tasse Rotwein
500 g Wurzelgemüse
250 g Preiselbeersenf
je 1 TL Thymian, Salbei, Majoran, Senfkörner
je 1 TL Wacholderbeeren, Tannen- oder Fichtennadeln
1 Lorbeerblatt
300 g Speck
500 ml Brühe
1 Tasse Öl
2 Zwiebeln
Salz, Pfeffer, Zucker
2 EL Tomatenmark
200 ml Saure Sahne

<u>Beize:</u>
Das Essigwasser, Salz und Wurzelgemüse zum Kochen bringen und gar dünsten.

Die Gewürze, den Preiselbeersenf und das Lorbeerblatt im Mörser zerreiben, den Rotwein und diese Mischung in den heißen, nicht mehr kochenden Sud geben und erkalten lassen.

Alles nochmals gut umrühren und die Hirschkeule 3 bis 5 Tage zugedeckt darin beizen. Das Gefäß muss kalt stehen und das Fleisch täglich gewendet werden.

Das Öl erhitzen, die Keule mit etwas Salz und Pfeffer würzen, mit den Speckscheiben abdecken, diese mit Rouladennadeln feststecken oder spicken und im heißen Öl anbraten. Dann die Zwiebeln würfeln und Zucker zugeben, mit Brühe, Beize und Tomatenmark nach und nach auffüllen und das Fleisch begießen.

Bei 190°C ca. 3 Stunden garen.

Das Fleisch heraus nehmen und die Soße mit saurer Sahne, Salz und Pfeffer abschmecken.

Ich serviere Kartoffelklöße, Apfelrotkohl oder Rosenkohl zur Hirschkeule.

Nachtisch / Dessert

Senfkonfekt mit Mandeln

Zutaten: je 1 Tafel Weiße-, Halbbitter- und Vollmilch Kuvertüre
200 g süße Mandeln gemahlen
100 g Pistazienkerne
60 g Cornflakes
40 g Rosinen
1 TL Rum
3 TL Küchensenf original
1 TL Zimt

Cornflakes im Mörser, oder Foliebeutel mit dem Nudelholz zerkleinern, Rosinen in einer Schüssel mit dem Rum beträufeln und mischen.

Weiße Kuvertüre:
Die Kuvertüre nach Vorschrift auflösen. 70 g Mandeln mit 30 g Cornflakes, 1 TL Senf und 1 Pr. Zimt vermischen und mit der Kuvertüre verrühren.

Mit 2 TL zu Pralinen in handelsübliche Förmchen oder auf Alufolie setzen, mit Pistazienkernen bestreuen und trocknen lassen.

Vollmilch-Kuvertüre:
Wie bei der weißen Kuvertüre verfahren.

Zartbitter-Kuvertüre:

Die Zartbitter-Kuvertüre nach Vorschrift auflösen und mit den restlichen Mandeln, 1 TL Senf und den Rum-Rosinen verrühren.

Die Pralinenmasse auch mit 2 Teelöffeln in Förmchen oder auf Alufolie verteilen, mit Pistazienkernen bestreuen und trocknen lassen.

Quarkkeulchen mit Heidelbeersenf

4 Personen

Zutaten: 250 g Quark
3 Eier
200 ml Milch
250 g Mehl
½ Päckchen Backpulver
1 EL Zucker
1 Pr. Salz
Margarine
250 ml Heidelbeersenf (S. 19)
4 Zweige Minze

Quark, Eier, Salz und Zucker mischen, Mehl und Backpulver sieben und abwechselnd mit der Milch in die Quarkmasse zu einem glatten Teig rühren.

Margarine im Tiegel erhitzen, mit zwei Löffeln kleine runde Keulchen goldgelb ausbacken.

Mit Heidelbeersenf und einem Minzezweig heiß servieren.

Statt Heidelbeersenf kann auch Senfblütenhonig, Kirsch-, Preiselbeer- oder Orangensenf gereicht werden. (Fruchtsenf S. 19)

Quarkkuchen mit Johannisbeersenf oder Sauerkirschsenf

<u>Zutaten:</u>

<u>Teig:</u>
500 g Mehl
30 g frische Hefe
80 g Zucker
80 g Butter oder Margarine
250 ml Milch
1 Pr. Salz
1 Päckchen Vanillezucker

<u>Belag:</u>
1 kg Johannisbeeren oder Sauerkirschen (ohne Steine)
500 g Quark
5 EL Johannisbeer- oder Kirschsenf (S. 23)
100 g Butter oder Margarine
200 g Zucker
3 Eier
1 Päckchen Vanille Saucenpulver
Margarine für das Backblech

Hefestück bereiten:

Mehl in eine Schüssel sieben, in einer kleinen Schüssel die Hefe in warmer Milch, mit einem Teil Zucker auflösen und verquirlen.

In das Mehl eine Vertiefung drücken und die Hefeflüssigkeit von der Mitte her hinein rühren, vom Rand Mehl darüber streuen.

Salz, den restlichen Zucker, Vanillezucker, die Butter am Rand verteilen. Die Schüssel mit einem Baumwolltuch abdecken, warm stellen bis das Mehl reist.

Belag:

Obst waschen und gut abtropfen lassen, die Butter schaumig rühren, Quark, Eier, Zucker, Saucenpulver glatt verrühren.

Backblech fetten oder mit Backpapier belegen, den Ofen auf 200°C vorheizen. Den gut gegangenen Teig mit den am Rand verteilten Zutaten zu einem glatten Teig verarbeiten, ausrollen und auf das vorbereitete Blech legen. Die Ränder etwas andrücken, mit einer Gabel an ca. 10 Stellen in die Teigplatte stechen. (verhindert Luftblasen während des Backens). Noch einmal ca. 10 Min. gehen lassen, danach den Teig mit Fruchtsenf bestreichen, die Früchte gleichmäßig verteilen und die Quarkmasse darüber gießen.

Backzeit: 35 Min. bei 210°C

Kartoffelkuchen mit Zwiebelsenf

1 Springform
Vorbereitung am Vortag

Zutaten: 350 g Kartoffeln
200 g Pilze
2 EL Senföl
3 EL Mehl
1 Ei
1 EL Zwiebelsenf
1 EL Zucker
200 g Sahne
1 Tasse Kräuter (Thymian, Rosmarin, Basilikum)
Salz, Pfeffer
2 EL Butter, etwas feinen Zucker

Geschälte Kartoffeln am Vortag kochen und warm durch die Kartoffelpresse drücken und auskühlen lassen. Kartoffelbrei mit Ei, 2 EL Mehl und Salz zu einem glatten Teig mischen und in gefettete Springform drücken.

Ofen auf 200°C vorheizen.

Sahne, Salz, Pfeffer, Senf, Zucker und restliches Mehl vermischen.

Pilze klein schneiden, im Öl andünsten und anschließend mit den klein gehackten Kräuter unter die Sahnemischung rühren und auf dem Teig verteilen.

Bei 200°C ca. 30 Min. backen.

Mit Zucker sparsam bestreuen, Butterflöckchen verteilen und noch warm servieren.

Zwiebelkuchen mit Original Küchensenf

1 Blech

Zutaten:

Hefeteig:
500 g Mehl
100 g Zucker
80 g Margarine
1 Päckchen Vanillezucker oder
1 TL abgeriebene Zitronenschale
¼ l Milch
30 g Frischhefe
1 Pr. Salz

Belag:
750 g Zwiebeln
200 g Bauchspeck oder Schinkenspeck
2 EL Kümmel
2 EL Küchensenf
¼ l Saure Sahne.
4 Eier
40 g Speisestärke
Margarine und 1 EL Senföl

Achten Sie darauf, dass alle Zutaten Zimmertemperatur haben. Mehl sieben, in der Milch etwas Zucker und die Hefe auflösen und in die Mitte des Mehles quirlen. Die restlichen Zutaten für den Hefeteig am Rand der Schüssel verteilen. Die Schüssel mit Tuch abdecken und warm stellen bis das Mehl reist.

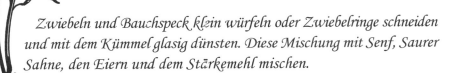

Zwiebeln und Bauchspeck klein würfeln oder Zwiebelringe schneiden und mit dem Kümmel glasig dünsten. Diese Mischung mit Senf, Saurer Sahne, den Eiern und dem Stärkemehl mischen.

Das gut gegangene Hefestück mit den restlichen Zutaten vom Schüsselrand zu einem glatten Teig kneten, auf dem gut gefetteten Blech ausrollen, die Ränder andrücken. Die Teigplatte mit einer Gabel mehrmals durchstechen und mit dem Öl bestreichen.
Die Zwiebelmischung auf dem Teig verteilen. Den Kuchen nochmals etwas gehen lassen.

Ofen auf 200°C vorheizen, dann ca. 40 Min. backen.

Senf-Eis Banane
(Halbgefroren)

Zutaten:
Grundmasse: 250 ml 3,5%ige Milch
1 Pack. Schlagcrempulver
60 g Zucker

Fruchtmasse: 1 Banane
1 EL mittelscharfen Senf

Den Zucker in 125 ml Milch gut auflösen, die Schlagcreme in der restlichen Milch zu einer lockeren Masse verrühren und zur Zuckermilch mischen. Die Banane pürieren und mit dem Senf vermischen, unter die Eisgrundmasse geben und nochmals mit Zucker und Senf abschmecken. Alles gut verrühren, in kleine Gefäße füllen und zum Festwerden ins Gefrierfach des Kühlschrankes stellen.

Zur Herstellung von Crem-Eis rühren Sie die Masse im Gefrierfach öfter um.

Senf-Eis Erdbeere

Zutaten: Grundmasse wie beim Bananeneis bereiten

Dazu 2-3 große, reife, pürierte Erdbeeren und 2 EL Erdbeerfruchtsenf oder 1 EL mittelscharfen Senf mischen.

Zur Verfeinerung können Schokoladenraspel untergemischt werden.

Alles gut verrühren und in kleinen Gefäßen zum Festwerden ins Gefrierfach stellen.

Eigene Rezepte:

Eigene Rezepte: